Découvrez l'histoire par les archives de presse

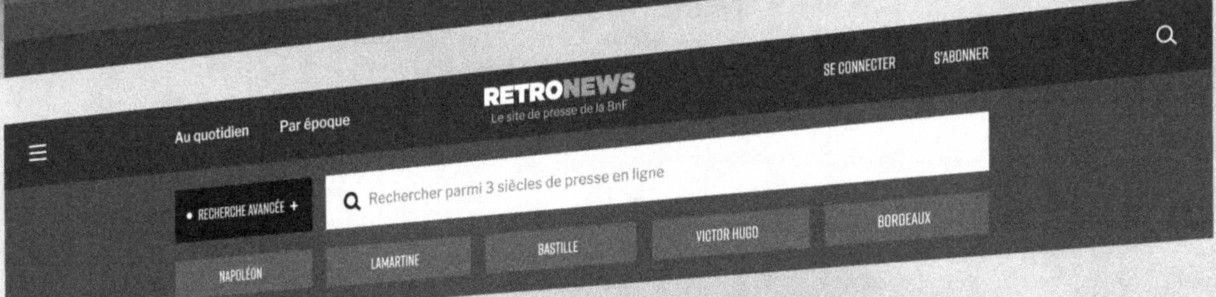

RETRONEWS

Le site de presse de la BnF

www.retronews.fr

On s'abonne au Bulletin à la Sacristie de la Cathédrale

L'ÉCHO du SACRÉ-CŒUR

D'ORAN

REVUE PAROISSIALE

CALENDRIER PAROISSIAL

I. -- Offices et réunions qui ne varient pas pendant l'année

I. -- CHAQUE SEMAINE :

1. — Le Dimanche :

A 6 h., 7 h., 8 h., messes basses avec courte allocution. — A 9 h., grand'messe avec prône. — 10 h. ½, messe des hommes. Conférence. Chants exécutés par la maîtrise. — A 2 h. ½, vêpres. Salut du S. Sacrement. Chapelet.

2. — Tous les jours :

A 6 h., 6 h. ¾, 7 h. ½, 8 h., messes basses. — A 5 h. du soir chapelet, prières pour la France, salut.

3. — Tous les lundis :

A 2 h. ½, dans la salle au-dessus de la sacristie du chapître, réunion de l'Ouvroir du Sacré-Cœur, pour la confection de vête-ments à l'usage des pauvres de la paroisse, visités par les Dames de Charité.

4. — Tous les jeudis :

A 8 h. ¼, messe des catéchismes. — Catéchisme par M. l'Archi-prêtre. — Répétition de chants.

5. — Tous les Samedis :

A 8 h. 1/4 du soir, réunion de la Conférence de Saint Vincent, de Paul dans la salle du Chapître.

II. -- CHAQUE MOIS :

1er **Dimanche du mois** : Après vêpres, réunion des Zélatrices de Ste Thérèse.

2e **Dimanche du mois** : A 6 h., messe avec chants en espagnol et communion générale des Thérésiennes. — Allocution. A l'issue des vêpres, réunion générale des Thérésiennes dans la salle du Chapître sous la présidence de M. le 1er vicaire.

3e **Dimanche du mois** : A 7 h., messe avec chants. Communion générale des Enfants de Marie, allocution. — A vêpres, exposition du S. Sacrement, procession, salut. A 2 heures réunion des Enfants de Marie sous la présidence de M. l'Archiprêtre.

1er **Mercredi du mois** : A 2 h., réunion des Collectrices du Denier du Culte dans la salle du Chapître sous la présidence de Monsieur l'Archiprêtre.

2e **Jeudi du mois** : A 5 h., réunion de la Confrérie du Sacré-Cœur et des personnes pieuses de la paroisse pour l'exercice de l'*Heure Sainte* devant le S. Sacrement exposé à l'autel de la Ste Vierge. Salut du Saint Sacrement.

1er **Vendredi du mois** : Réunion aux différentes messes du matin des associées de la Confrérie du Sacré-Cœur : *messe de 6 h.* avec chants par les Thérésiennes, allocution, bénédiction du S. Sacrement. — *Messe de 6 h. 3/4* avec chants par les Patronages de Notre-Dame Auxiliatrice et de la Sainte Famille, allocution. *Messe de 8 h.*, à laquelle sont spécialement invitées les *Dames de Charité*. Chants exécutés par l'Institution Jeanne d'Arc. Allocution par M. l'Archiprêtre. Bénédiction du S. Sacrement. A l'issue de la messe, réunion des Dames de Charité de la paroisse dans la salle du Chapître sous la présidence de M. l'Archiprêtre. A 4 h., à la crypte, réunion générale des membres de l'Apostolat de la Prière sous la présidence du Directeur diocésain. Allocution, salut du S. Sacrement.

3e **Vendredi du mois** : à 6 h. 3/4, messe de la Fraternité du Tiers-Ordre, allocution, bénédiction, réunion de la Fraternité après la messe dans la salle du Chapître.

3e **Samedi du mois** : A 2 h. 1/2, réunion du Conseil de la Congrégation des Enfants de Marie dans la salle du Chapître sous la présidence de M. l'Archiprêtre.

II. — Offices particuliers du mois de Juin 1919

Tous les soirs, à 7 h. ¼, exercice du Mois du Sacré-Cœur, chant, lecture pieuse, bénédiction du T. S. Sacrement.

Dimanche 1ᵉʳ Juin. — *Fête de la Bienheureuse Jeanne d'Arc.* — A la messe des hommes à 10 h. ½, panégyrique de Jeanne d'Arc, par M. l'abbé Pain.

6 Juin. — 1ᵉʳ Vendredi du mois, exposition du St Sacrement. — Allocution aux messes de 6 h., 6 h. ¾, et 8 h., par M. l'abbé Aracil.

7 Juin. — *Vigile de la Pentecôte.* Jeûne. — A 7 h. ¼, bénédiction des Fonts baptismaux.

8 Juin. — *Solennité de la Pentecôte.* — Messes basses à 6 h., 7 h., 8 h., et 9 h. — A 10 h. ¼, Grand'Messe Pontificale, allocution par Mgr l'Evêque. — A 5 h., Vêpres Pontificales, sermon par le R. P. Cyrille, chants par le Séminaire et la Maîtrise.

11, 13 et 14 Juin. — *Les quatre-temps.* — Le vendredi 13 à 6 h. ¾, messe de l'Œuvre des Vocations Sacerdotales, bénédiction.

16, 17 et 18 Juin. — Retraite préparatoire à la première communion solennelle qui sera prêchée par le R. P. Cyrille. — A 8 h., messe suivie d'une instruction. — A 2 h., chapelet, conférence, répétition de chants et des cérémonies. — A 5 h., instruction et bénédiction du St Sacrement.

Jeudi 19 Juin. — *Fête-Dieu, et Première Communion Solennelle des Enfants.* — A 7 h. ½, messe de Communion, allocution par le R. P. Cyrille. — A 4 h., rénovation des premières du baptême, consécration à la Vierge, allocution par le R. P. Cyrille, salut du St Sacrement.

Vendredi 20 Juin. — *Cérémonie de la Confirmation.* — A 8 h. messe célébrée par Mgr, confirmation, absoute pour les soldats de la paroisse tombés au champ d'honneur, quête pour le Denier du Culte et les Vocations Sacerdotales.

Dimanche 22 Juin. — *Solennité de la Fête-Dieu.* — A 10 h. ¼, messe chantée avec assistance pontificale, procession du St Sacrement et bénédiction aux différents reposoirs.

24, 25 et 26 Juin. — *Triduum préparatoire à la Fête du Sacré-Cœur.* — A 8 h. ½, du soir, sermon par le R. P. Cyrille, bénédiction.

Jeudi 26 Juin. — A 7 h. ½, messe célébrée par Mgr, communion générale de tous les Enfants de la Ville qui ont fait la communion soit privée, soit solennelle, chants par le Séminaire.

Vendredi 27 Juin. — *Solennité du Sacré-Cœur.* — A 10 h., Grand'Messe Pontificale. — Le soir, à 6 h. ½, procession solennelle du St Sacrement, acclamations et bénédiction.

Aux lecteurs de l'Echo du Sacré-Cœur

CE n'est pas aux lecteurs de l'Echo qu'il est nécesssaire de faire comprendre l'opportunité de l'apostolat par la presse catholique. Cet apostolat s'impose aujourd'hui à tout prêtre qui a charge d'âmes, pour prolonger les enseignements de la chaire chrétienne et les faire pénétrer dans la plupart des familles. C'est par lui que sont dissipés les doutes qui envahissent tant de consciences modernes, que sont combattus efficacement l'erreur et le préjugé si enracinés au cœur des masses, que sont amenées ou gardées à la pratique religieuse tant d'âmes, qui, sans lui, se seraient tenues à l'écart par ignorance, indifférence ou hostilité.

C'est le but que poursuit l'Echo du Sacré-Cœur.

Nous formons le vœu que de plus en plus nombreux soient les dévoués paroissiens qui par leur abonnement direct voudront contribuer à sa vitalité et à sa diffusion gratuite aux portes de l'Eglise cathédrale, le dimanche, à la sortie de la messe. On peut s'abonner à l'Echo du Sacré-Cœur *à la sacristie de la Cathédrale.*

D'autre part, les offrandes des âmes généreuses, à dessein d'alléger les frais d'impression si considérables à l'heure actuelle, seront reçues avec une particulière reconnaissance.

V. LHUILLIER.

Le Sacré-Cœur et l'essence du Christianisme

Qu'est-ce en effet que le christianisme dans son fond le plus intime ? C'est la religion de Jésus, et c'est la religion de l'amour.

La religion de Jésus. Regardons les choses du côté de Dieu. Il ne nous connaît, pour ainsi dire, et ne nous aime qu'en Jésus, dans le seul médiateur ; il n'agrée nos hommages que présentés par Jésus ; pàs d'autre commerce entre lui et nous que par l'intermédiaire de Jésus ; nous n'existons, on peut dire, pour lui, dans l'ordre surnaturel, qu'en Jésus et par Jésus. Regardons-les de notre côté. Nous ne sommes sauvés qu'en Jésus ; nous ne connaissons notre Père céleste que par Jésus ; nous ne pouvons l'aimer que par Jésus ; nous ne vivons de la vie surnaturelle, qu'en tant et dans la mesure où nous sommes un avec Jésus. Il est vraiment le tout de notre religion, le tout de la vie chrétienne. Eh bien ! rien ne nous donne Jésus, ne nous le fait connaître et aimer dans son fond, ne nous met en rapport intime et personnel avec lui, ne nous fait vivre de lui et en lui comme la dévotion au Sacré-Cœur. N'est-elle pas entre lui et nous la fusion des cœurs, qui de deux ne fait qu'un ? Avec le Sacré-Cœur nous avons tout Jésus. De ce chef peut-on trouver rien de plus expressif, rien de plus efficace ? Saint Jean Chrisostome résumait saint Paul en disant : Le cœur de Paul, c'est le cœur du Christ. La dévotion au Sacré-Cœur fait du cœur chrétien le cœur de Jésus.

Religion d'amour. On a défini la religion comme la rencontre de deux amours. Comme religion, elle n'est pas précisément cela ; elle est affaire de devoir, reconnaissance des relations essentielles entre Dieu et nous, et ces relations ne sont pas, à ne regarder que la nature des choses, des relations, d'amitié ; ce sont des relations de maître à serviteur, de créateur à créature. Pour que soient possibles ces relations d'amitié entre lui et nous, il faut une volonté spéciale de Dieu nous élevant à l'ordre surnaturel, une effusion de l'esprit d'adoption nous permettant de dire mon Père à celui qui, nous adoptant, veut bien nous appeler ses fils.

Mais si la religion, comme telle, ne peut pas se définir la rencontre de deux amours, le christianisme le peut, et c'est là une des plus belles idées et des plus vraies que l'on en puisse donner. Du côté de Dieu, c'est un grand effort d'amour, pour gagner notre amour. On l'a défini, une grande pitié venant au secours d'une grande misère. Mais cette pitié même d'où vient-elle ? De l'amour. Le premier, comme le dernier mot, des voies de Dieu sur nous, c'est l'amour. A quoi devons-nous Jésus ? A l'amour : *Sic Deus dilexit mundum, ut Filium suum unigenitum daret.* A quoi la passion et la rédemption ? A l'amour : *Dilexit me, et tradidit semetipsum pro me.* Tout le mystère de Jésus se présente comme un suprême effort de l'amour : *Cum dilexisset suos qui erant in mundo, in finem dilexit eos.* L'Eglise tout entière avec ses sacrements, et sa magnifique organisation pour propager dans le monde la grâce et la vérité, est une invention de l'amour, et Dieu a voulu que la première condition de son gouvernement fût amour, l'amour de Dieu débordant en amour sur les hommes : *Amas me ? pasce agnos meos.* Il a voulu de même que la première loi imposée aux fidèles fût la loi d'amour. C'est le grand commandement. Si l'on accomplit celui-là, tout ira bien : *Dilige, et fac quod vis.*

Du côté des fidèles, tout se ramène également à l'amour. La loi, nous venons de le voir, se résume dans l'amour ; la foi chrétienne, c'est saint Jean qui nous le dit, se caractérise comme la foi en l'amour *Et nos credidimus caritati.* Toute la vie chrétienne consiste à vivre en Jésus par l'amour ; et la perfection chrétienne se définit par l'union d'amour et la transformation amoureuse en Jésus. Il est donc vrai, la religion chrétienne se résume en l'amour, c'est dire qu'elle se résume dans le Sacré-Cœur, puisque la dévotion au Sacré-Cœur est tout entière dévotion à l'amour, dévotion d'amour.

Enfin le christianisme n'est pas Jésus et l'amour, comme deux choses distinctes. C'est l'amour de Jésus pour nous et notre amour pour Jésus ; c'est l'amour de Dieu pour nous en Jésus, et notre amour pour Dieu en Jésus. N'est-ce-pas redire, en autres termes, que le christianisme est tout entier dans le Sacré-Cœur ?

Sans doute, ce n'est pas là une formule nécessaire. Mais qui peut nier que ce soit une formule admirable, courte, singulièrement expressive, parlant à la fois au cœur et à l'esprit, à l'âme et aux yeux ? Mgr Pie le disait dès 1857 : « Le christianisme ne saurait être identifié aussi absolument avec aucune autre dévotion comme avec celle du Sacré-Cœur. » Mgr Dubois le disait naguère dans un beau mandement sur *Le Culte du Sacré-Cœur* : « Toute la religion est là, parce qu'elle est la religion du divin amour. Notre foi croit à cet amour, raison de tous nos mystères ; notre morale y répond, ce qui est l'accomplissement de la loi. » Ce Culte est donc bien, suivant le mot de Mgr Dubois, « le résumé et comme l'essence même du christianisme. »

Il n'y a pas lieu de s'étonner, s'il en est ainsi, des magnififiques promesses de Notre Seigneur à la B. Marguerite-Marie, en faveur des dévots à son Sacré-Cœur ; que ne peut-on attendre d'un tel amour ? Ni s'étonner des fruits singuliers qu'elle attache à cette dévotion : que ne fera pas dans l'âme, si une fois elle s'y implante, la dévotion de l'amour répondant à un• tel amour ?

Cela peut nous aider à comprendre le mot singulièrement hardi de la B. Marguerite-Marie, que le Sacré-Cœur était comme un nouveau médiateur. Nouveau médiateur, comme manifestation nouvelle de l'éternel et unique médiateur, qui nous fait comme un nouveau don de lui-même en nous donnant son Cœur à découvert ; médiateur par où nous allons à Jésus, où nous trouvons Jésus, comme par Jésus nous allons à son Père et en Jésus nous trouvons Dieu.

Cela peut nous aider à comprendre aussi que Léon XIII ait désigné le Sacré-Cœur comme le *labarum* des temps nouveaux. Non pas que la croix doive disparaître et s'effacer devant le Cœur. Mais le Cœur nous fait mieux comprendre et mieux connaître la croix ; il nous fait entrer dans le fond même du mystère de la rédemption ; il en fait déborder jusqu'à nous les grâces de salut. Le règne du Sacré-Cœur dans les âmes assure le règne de Dieu sur la terre.

Bainvel.

APPEL AUX CATHOLIQUES D'ORAN

Catholiques d'Oran,

Le Vendrédi 27 juin 1919, c'est la fête du Sacré-Cœur

Vous célébrerez cette année-ci cette fête du Prince
de la Victoire et de la Paix avec un éclat incomparable

1° Le Sacré-Cœur vous le demande

C'est le désir formel de Notre-Seigneur :
« Je le demande que le vendredi après l'octave de la Fête-Dieu soit consacré à une fête particulière pour honorer mon Cœur ; tu communieras ce jour-là et tu feras une réparation d'honneur à mon Divin Cœur, par une amende honorable pour réparer les indignités qu'Il a reçues pendant le temps où Il a été exposé sur les autels. »

2° NN. SS. les Evêques vous y invitent

Avec celle du Pape, leur voix est l'écho de la voix de Jésus-Christ. Ils ont dit : « Nous, Cardinaux, Archevêques et Evêques de France, nous nous engageons **par vœu** à faire célébrer solennellement chaque année la fête du Sacré-Cœur de Jésus » Secondez le vœu de vos Pasteurs.

3° La France « pénitente et dévouée » l'attend de vous

Durant plus de quatre années, la France a héroïquement lutté pour la liberté, la justice et le droit. Ses ardentes supplications réparatrices, les inoubliables manifestations du 7 juin 1918, les multiples consécrations répétées sur la ligne de feu, jointes à l'héroïsme de nos soldats, lui ont obtenu la victoire.

CATHOLIQUES D'ORAN

Au nom de la reconnaissance que nous devons au Sacré-Cœur de Jésus, au nom des secours si multiples et si graves que nous attendons de ce Roi et Prince de la paix, vous voudrez répondre sans retard aux désirs formels du Cœur de Jésus.

1° **Vous préparerez par la prière** cette fête du Sacré-Cœur : vous vous ferez **un devoir d'assister au triduum de supplications** au Divin Cœur de Notre-Seigneur qui aura lieu les **24, 25 et 26 juin, à 8 h. ½ du soir**, dans notre **église cathédrale** et qui sera prêché par le R. P. Cyrille.

2° **Vous solenniserez avec tout l'éclat possible** le **vendredi 27 Juin**, Fête du Sacré-Cœur de Jésus.

Dans ce but : **vous ferez**, si possible, **la sainte Communion** pour consoler le Sacré-Cœur des blasphèmes, des insultes, de l'oubli, des froideurs dont il est l'objet de la part de tant d'âmes qu'il a rachetées.

Vous vous ferez un devoir d'**assister à la messe Pontificale** que nous célébrerons Nous-même à la Cathédrale du Sacré-Cœur, le **vendredi 27 juin, à 10 h.**

Aucun de vous ne voudra s'abstenir d'assister le vendredi 27 juin, à 18 h. ½, à la Cathédrale, à la grande procession que nous présiderons Nous-même pour remercier le Sacré-Cœur de la victoire et à laquelle nous convions toutes les paroisses de la ville.

Vous **renouvellerez** ce jour-là la **consécration** de vos familles au Sacré-Cœur.

Vous **chômerez,** si vous pouvez, et vous ferez chômer au moins une partie de la journée.

CATHOLIQUES D'ORAN

Si vous répondez en foule à cet appel pressant de votre évêque, le Sacré-Cœur bénira vos familles, vos maisons, vos entreprises, la cité, l'Oranie, la France.

Il l'a promis. Croyez en Lui !

Vive le Christ qui aime la France !

† CHRISTOPHE-LOUIS,
Evêque d'Oran.

Chronique Paroissiale

Nominations.

Par ordonnance de Mgr l'Evêque, *M. l'abbé Carmouze, vicaire à la Cathédrale a été nommé Curé de Rivoli ; M. l'abbé Koëger, a été nommé vicaire à la Cathédrale du Sacré-Cœur.*

Nous ne laisserons pas s'éloigner notre cher vicaire sans lui payer du fond du cœur le tribut de notre gratitude personnelle pour sa collaboration active et dévouée et sans lui exprimer la reconnaissance de la paroisse pour le pieux et fécond ministère qu'il y a rempli durant trois années. Nos prières et nos vœux l'accompagnent sur le nouveau champ d'action que Mgr, soucieux de ménager une santé, qui se dépensait sans compter, a confié à son zèle.

Nous adressons nos meilleurs souhaits de bienvenue à son digne successeur, qui nous arrive du front avec le prestige de la croix de guerre et deux citations qui font le plus grand honneur au courage et à la bravoure avec lesquels il a accompli son devoir de soldat.

Le mois de Marie et la fête de clôture du couronnement de la Vierge.

Les pieux exercices du mois de Marie ont réuni chaque soir une assistance nombreuse et des plus recueillies. Toutes nos félicitations aux jeunes filles de la paroisse qui ont décoré avec le meilleur goût l'autel de Marie et ont contribué par leurs chants variés, pieux, et parfaitement exécutés à la louange parfaite de la reine des cieux. Nul doute qu'elle n'ait été inclinée à leur obtenir en retour les plus précieuses faveurs célestes.

La fête du couronnement de la Vierge, qui attire toujours une foule considérable, s'est déroulée, cette année, dans le plus parfait recueillement, à la grande édification de toute l'assemblée, qui a fort goûté les chants magistralement exécutés, et s'est laissée délicieusement impressionner par l'imposante procession qui précède la scène toujours émouvante du couronnement de la Vierge, dont M. le vicaire général Lhuillier avait préalablement expliqué le symbolisme du haut de la chaire.

Du haut de son trône de gloire, et dominant le maître-autel richement décoré et tout embrasé, la statue du Sacré-Cœur, nimbée de rayons lumineux semblait animée et applaudir aux hommages rendus à Marie ; et Marie à son tour glorifiée et chantée par la piété de ses enfants les entraînait spontanément, pour les y laisser durant tout le mois de juin, aux pieds du Sacré-Cœur : ad Jesum per mariam.

La fête de Jeanne d'Arc.

Pieusement célébrée par de nombreuses communions à toutes les messes dites à l'autel de la Bienheureuse, le vendredi 30 mai, la fête revêtit tout son éclat extérieur le dimanche 1ᵉʳ juin. La cathédrale toute pavoisée de drapeaux aux couleurs nationales avait revêtu sa parure des grands jours. Du haut de son beffroi, le bourdon de la victoire répandait sur la cité la majesté de ses ondes graves et sonores, chantant de sa voix de bronze la sainte de la patrie dont il porte le nom. Accourus à son appel les fidèles, à la messe les hommes, remplissaient l'immense vaisseau, vibraient aux modulations savantes des grandes orgues, des coups d'archet et des cantates guerrières et, n'eût été la sainteté du lieu, ils eussent applaudi à maintes reprises leur éloquent conférencier, qui, prononçant pour la 4ᵉ fois le panégyrique de la Bienheureuse, se surpassa dans un parallélisme du plus saisissant effet entre l'âme de Jeanne d'Arc et l'âme de la France.

La 1ʳᵉ Communion Solennelle et la Confirmation.

Elle aura lieu pour les enfants de la paroisse Cathédrale le 19 juin, jour de la fête du S. Sacrement. Ce jour-là, quand

Jésus, caché sous les voiles de la blanche hostie, sera déposé sur leurs lèvres, pour, de là, descendre dans leurs poitrines, nous pourrons, en toute vérité, les saluer de ce nom qu'on donnait aux premiers chrétiens revenant de communier : ils seront des Christophores ; eux aussi ils porteront le Christ !

Sous le fardeau du Christ, la légende dit que les robustes épaules du géant Christophe plièrent et défaillirent. Les âmes de ces chers enfants sont elles assez robustes pour supporter le poids et la responsabilité de Jésus ? non ; elles n'en sont pas présentement capables... C'est pour acquérir les forces nécessaires qu'ils vont entrer en retraite ; c'est pour les rendre aptes à porter dignement Jésus que, pendant trois jours le R. P. Cyrille va les évangéliser. Aidons les de nos plus ferventes prières et que l'Esprit sanctificateur que Mgr l'Evêque leur communiquera le lendemain de leur 1re communion trouve un terrain parfaitement préparé à l'épanouissement de ses dons divins.

Patronages.

Nos œuvres de Jeunesse ont tenu ce mois-ci à distraire leurs coopérateurs et leurs amis. *La Sainte Famille* a donné 4 représentations (4, 15, 18 et le 25 mai) du beau drame : « Cœur de Mère ». A remarquer particulièrement les progrès qu'ont fait nos artistes et la bonne exécution des chants qui cependant offraient de sérieuses difficultés.

Notre Dame de France à son tour (18 et 25 mai) nous a réjoui par d'intéressantes comédies — et surtout nous a touchés et émus par la délicate pièce en vers : « Le Pater » de Français Coppée.

Jeunes gens et Jeunes filles ont prouvé une fois de plus qu'ils peuvent beaucoup quand ils le veulent. Nos compliments et nos encouragements.

Thérésiennes.

En leur réunion du 18 mai, les Thérésiennes ont eu le plaisir de voir un certain nombre de leurs compagnes — après l'épreuve attentive de ces derniers mois — faire un pas de plus dans la Congrégation.

Onze des leurs ont été reçues aspirantes :

Les fête de la Pentecôte à Oran

« L'affluence fut grande dans toutes les églises de la ville. A la Cathédrale les offices pontificaux furent célébrés avec cette perfection que notre évêque, si zélé pour la splendeur et la beauté des cérémonies sacrées, a voulu instaurer parmi nous.

Signalons seulement, outre la pieuse et très artistique exécution des chants, la grande affluence des hommes et la beauté de l'illumination.

Dans son allocution d'après l'Evangile, Mgr commenta les principales invocations de l'hymne *Veni Creator*. Il lui fut aisé de trouver dans son patriotisme desapplications très appropriées à l'attente de tous les Français quand il en vint à la strophe : *Hostem repellas longius.*

A Vêpres, M. l'abbé Cyrille Ferret fut éloquent, lui aussi, dans une exposition très pratique et très personnelle du mystère que l'Eglise commémore en ce jour. Uue fort belle assistance l'écoutait, assistance que nous retrouverons certainement lors des fêtes du T. S. Sacrement et du Sacré-Cœur... et quand nous chanterons — Dieu veuille que ce soit bientôt ! — le *Te Deum* de la Victoire et de la Paix. »

Noces d'or de M. le Chanoine Godet.

ARCHIDIACRE DU CHAPITRE DE lA CATHÉDRALE

· Le vénéré jubilaire qui célébrait ses noces d'or sacerdotales le 27 mai dernier tient de trop près à l'église cathédrale, non seulement par sa dignité d'archidiacre, mais encore par tous les obligeants services qu'il ne cesse de rendre au clergé de la paroisse, pour que nous ne nous fassions pas un devoir de relater dans l'Echo du Sacré-Cœur le détail des fêtes de son jubilé, qui édifiera et réjouira les nombreux fidèles auprès desquels non moins qu'auprès de leur clergé M. le chanoine Godet est en religieuse vénération.

Nous donnons d'abord le compte rendu officiel publié par la

Semaine Religieuse, auquel nous sommes heureux de pouvoir ajouter dans leur texte même, les précieuses félicitations et bénédictions du Saint Père, de Mgr Bessière, Evêque de Constantine, de Mgr Piquemal, Evêque auxiliaire d'Alger et de Mgr Durand, Evêque auxiliaire de Marseille. Et nous terminerons par le remarquable discours prononcé, au cours de la messe jubilaire par Mgr Mathieu.

I

Compte-rendu officiel de la Semaine Religieuse

Les Noces d'Or de M. le chanoine Godet, desquelles, samedi dernier, nous annoncions la joyeuse approche, ont été célébrées le mardi, 27 courant, avec toute la solennité, toute la splendeur qui convenait. Nous avons déjà dit combien pareilles fêtes sont rares ; aussi ne faut-il pas s'étonner que tous aient cherché à augmenter l'éclat de celle dont nous voudrions ici fixer le souvenir.

Par une attention délicate, les Dames Thérésiennes du village Lamur, munies par avance de toutes les permissions de droit, avaient mis à la disposition de l'heureux jubilaire, qui est aussi leur bon aumônier, les locaux nécessaires à l'exécution du programme fort bien compris de la journée. Sa Grandeur Mgr l'évêque avait ménagé au milieu de sa tournée pastorale une journée de liberté afin de pouvoir apporter au doyen de ses prêtres l'expression de ses vœux et le témoignage de sa paternelle affection. Auprès de lui, autour du héros du jour, se pressait une belle couronne de prêtres amis : membres de la famille épiscopale, dignitaires du chapitre, religieux, curés de la ville curés de l'intérieur que quelque lien attachait au vénéré jubilaire, aumôniers, vicaires, tous étaient là représentés.

La fête débuta, et c'était justice, par une messe solennelle d'actions de grâces, chantée par M. le chanoine Godet qu'assistaient deux de ses anciens vicaires : MM. Bossi et Ugnon. Détail touchant : l'officiant avait revêtu l'aube et la chasuble de son ordination et de sa première messe. Le diacre et le sous-diacre portaient les dalmatiques et les aubes dont s'étaient aussi servi les assistants d'alors.

Après l'Evangile, Mgr Mathieu qui, avec M. le chanoine Jorro, représente parmi nous les survivants de cette époque presque légendaire, prit la parole et dans un discours d'une belle envolée littéraire retraça la longue vie pleine de mérites du prêtre oranais dont c'était en quelque sorte l'apothéose. Le temps et la place nous manquent pour analyser cette page superbe C'est le cœur, dit-on, qui fait les hommes éloquents. On le vit bien une fois de plus.

Puis la messe déroule ses rites avec toute la pompe que permet l'exiguité du sanctuaire. On y sent l'émotion du célébrant ; on y voit sa piété ; on devine les pensées diverses qui l'assaillent. Le ton royal de Dumont ajoute à la majesté de l'office. Il est chanté par une voix au timbre puissant à laquelle répond un chœur harmonieux de voix fraîches et sûres.

Une séance récréative remplit ensuite agréablement le temps qui séparait encore du dîner. Tour à tour, sur une scène sans apprêt, apparaissent des Anges, des fleurs, de gentils nautonniers, qui viennent dire à l'aumônier vénéré et aimé de la maison les remercîments les plus délicats, les souhaits les plus affectueux. C'est une joie pour tous d'applaudir les jeunes artistes dont le talent gracieux et plein d'aisance témoigne de leurs dispositions natives, de leur travail et, il faut l'avouer, de l'habileté de leur dévoué professeur.

A midi, une table magnifiquement ornée de fleurs et chargée des fruits d'or de la saison rassemblait en une salle spacieuse les convives de M. Godet. Un dîner digne de la circonstance y fut servi, égayé bientôt par les récits épiques de nos vétérans ou les rires heureux des plus jeunes confrères venus ici quand déjà l'Oranie civilisée, ou sur le point de l'être, ne ressemblait en rien aux pays inculte et rude, presque désert et partant inhospitalier des premières années de la conquête.

Quand sonna l'heure des toasts, Mgr l'Evêque se leva et dans une allocution où des expressions heureuses relevaient encore les pensées délicates et les souvenirs les plus touchants, exprima au héros de la fête tous les sentiments de joie, toutes les félicitations, tous les vœux, dont son cœur paternel débordait pour lui. Sa Grandeur eut un souvenir ému pour la pieuse mère qui donna à l'Eglise d'Afrique un prêtre selon le cœur de Dieu ; d'un mot, elle rappela les travaux de l'Apôtre, ses pélerinages, son ardeur qui jusque dans une retraite pourtant bien gagnée, le retient encore au service des âmes. Faisant ensuite allusion à la verte vieillesse du Jubilaire, elle l'assura qu'il célèbrerait sûrement un jour ses noces de Diamant, au milieu des amis qui l'entouraient à cette heure et dont aucun ne manquerait à la fête !

Des applaudissements nourris saluèrent ces vœux ; puis, successivement, M. le chanoine Jorro avec une simplicité cordiale et joyeuse, M. le chanoine Dandine, en une allocution qui affirme un amateur de beau langage, M. l'Abbé Ferrandiz, en quelques phrases humoristiques d'abord, graves ensuite, M. l'Abbé Bossi, dans la langue des Muses, redirent la piété, les mérites, les labeurs, les succès du bon prêtre que l'on fêtait.

Emu de tant de témoignages d'affection et en particulier d'un télégramme de félicitations de N. S. P. le Pape, dont Mgr l'Evêque avait donné lecture, M. le chanoine Godet se leva à son tour et, laissant parler son cœur chanta son hymne de reconnaissance à tous ceux qui avaient préparé cette heure : à Dieu d'abord, auteur de tout don parfait, à sa sainte mère, dont toute l'ambition fut de le voir prêtre, à ses Maîtres qui l'aidèrent de leurs conseils éclairés. Jetant ensuite un rapide regard sur les cinquante années de sa vie sacerdotale, il en dit les peines et les joies. Somme toute, celles-ci furent les plus nombreuses. Son attachement au Pape, dont l'indulgente bonté vient encore de le bénir, aux sept évêques qui se succédèrent sur le siège d'Oran, à ses amis, à ses fidèles, en furent les principales sources. Il en goûte aujourd'hui de nouvelles, et combien douces ! dans la pieuse maison qui lui offre, ainsi qu'à ses hôtes, une cordiale hospitalité. Son unique désir est de vivre désormais dans la pensée du ciel et des Noces éternelles où il retrouvera ses nombreux amis.

Tous ceux qui sont présents acceptent cet augure. Mais avant de se retirer, — car, hélas ! tout a une fin, surtout les heures de bonne joie — il leur plaît néanmoins de formuler un vœu : celui de voir se renouveler dans deux ans pareille fête. Deux de nos vétérans approchent du cinquantième anniversaire de leur ordination sacerdotale. Leur vieillesse alerte et vigoureuse permet tous les espoirs.

Nos lecteurs voudront bien s'unir à nous pour demander à Dieu de réaliser ces espérances et, en même temps, de bénir longtemps encore sur cette terre le prêtre vaillant qui, malgré le fardeau de ses soixante treize ans, travaille encore avec une juvénile ardeur au bien des âmes et à la gloire du bon Maître d'en-Haut. Cher Monsieur le Chanoine, à vos Noces de Diamant...

II

Félicitations et bénédictions

« Saint Père adressant meilleurs vœux et paternelles félicitations Archidiacre Alexandre Godet pour son zèle et dévouement sacerdotal lui envoie de tout cœur comme gage faveurs divines, bénédiction apostolique implorée occasion ses noces d'or sacerdotales. »

Card. GASPARRI.

« Cher Monsieur le Chanoine,

Vous êtes bien bon et très aimable d'avoir pensé à moi à l'occasion de vos noces d'or. De toute mon âme je m'associerai au jubilé du 27 mai par une fervente prière remerciant la Providence qui vous permet de lier pieusement la gerbe cinquantenaire des souvenirs, des grâces, des mérites. Heureux diocèse qui a vu s'épanouir à son profit une si opulente moisson ! Mardi, je m'unirai à la prière du vénéré Monseigneur Légasse, à celle de mes anciens et toujours chers confrères, au souvenir du bien que vous avec fait à Bel-Abbès où vous m'avez préparé et facilité la tâche ; laissez moi vous donner une très affectueuse bénédiction et vous renouveler l'assurance de mon attachement fidèle. »

† AMIEL-FRANÇOIS, Ev. de Constantine et d'Hippone.

Je bénis les chères Sœurs Thérésiennes et leurs enfants.

« Avec vous, cher ami, et diocèse d'Oran, remercie Dieu occasion votre cinquantenaire sacerdotal. Vives félicitations, souhaits. Ad multos annos, tendre bénédiction. »

PIQUEMAL.

« L'Evêque Auxiliaire Marseille prie le cher et vénérable chanoine Godet d'agréer ses plus sincères félicitations qu'il sera heureux de lui renouveler à ses fêtes de diamant. De tout cœur il lui envoie sa bénédiction et les meilleurs sentiments de son père. »

DURAND.

DISCOURS

PRONONCÉ PAR

Monseigneur Marc Mathieu

Prélat de Sa Sainteté

A L'OCCASION DES

Noces d'Or Sacerdotales

DE

Monsieur le Chanoine GODET

Archidiacre de la Cathédrale

27 Mai 1869 — 27 Mai 1919

Quid retribuam Domino, pro omnibus quæ retribuit mihi.

(Ps. 115 v. 12.)

MONSEIGNEUR,

VÉNÉRÉ JUBILAIRE,

MESSIEURS ET CHERS CONFRÈRES

Chaque matin en descendant du saint autel, vos lèvres et votre cœur faisaient monter vers Dieu ce cri de votre reconnaissance ; mais, au jour de votre jubilé sacerdotal, il doit en jaillir plus ému, plus ardent encore.

Oui, lorsque après cinquante ans, jetant un regard en arrière, nous revoyons les bienfaits insignes, dont Dieu nous a comblés, notre âme tressaille d'allégresse : *Magnificat anima mea dominum*, parce que malgré notre indigence et notre misère, Dieu a fait en nous de grandes choses, *fecit mihi magna qui potens est*.

Cher et vénéré Confrère, nous sommes réunis autour de vous pour joindre nos prières aux vôtres, mêler nos actions de grâce à celles qui remplissent votre âme. mais aussi pour nous instruire, pour apprendre de vous, notre Doyen dans le sacerdoce, comment le prêtre doit se donner aux âmes pour les conduire à Dieu.

Interroga majores, et discent : interrogez vos anciens et ils vous instruiront. C'est ce conseil de l'Esprit saint que nous voulons suivre aujourd'hui. Oui, Dieu a réalisé en vous de grandes choses, il a fait de vous *un prêtre, un sauveur d'âmes,* et pendant cinquante ans vous avez consacré votre vie à étendre le règne de Jésus-Christ sur cette terre demeurée infidèle jusqu'au jour, où :

> Un éclair a jailli du glaive de France,
> Et disant à la tombe un éternel adieu,
> Du sépulcre entr'ouvert l'Afrique enfin s'élance
> Vivante, et tressaillant sous le souffle de Dieu.

Le rappeler, me semble le meilleur moyen d'aviver dans votre âme et dans les nôtres la reconnaissance que nous devons au Seigneur pour ses bienfaits, et de grandir en nous la volonté de nous en montrer dignes.

Puisse Marie notre Mère et notre Reine inspirer mes paroles et nous assister en cette occasion.

Ave Maria
1re partie : Ce que l'abbé Godet doit à Dieu,

Il y a quelques jours, l'Eglise plaçait sur les lèvres de sainte Monique s'adressant à Augustin ces touchantes paroles du livre des proverbes : *Mon fils, écoutez les conseils de votre mère, que votre cœur les mette en pratique, et ils entoureront votre vie d'une couronne de gloire et d'honneur.*

C'est en pensant à votre naissance qu'elles me sont revenues à la mémoire.

Le cours des évènements avait éloigné de Lyon, votre Mère ; elle aurait tant voulu mettre au monde près de Notre-Dame de Fourvières, et le lui consacrer aussitôt, l'enfant qu'elle portait dans son sein.

Ce fut à Valence en Dauphiné que vous deviez naître, mais votre Mère n'attendit pas de vous tenir entre ses bras pour vous consacrer à la Reine des cieux ; une heure avant votre naissance, elle vous avait déjà confié a sa toute puissante protection.

Ne semblait-elle pas vouloir vous offrir au ciel avant de vous donner à la terre ?

Lorsque Jean-Baptiste le précurseur vint au monde, les miracles se multiplièrent, et à leur vue chacun se demandait : que sera cet enfant, *Quis putas, iste puer erit ?*

Les coteaux de la vallée du Rhône ne furent pas témoins de semblables prodiges, mais penchée sur le berceau de son enfant, votre Mère essayait elle aussi, de soulever le voile de l'avenir ; sans doute, a dit le poète :

> Près d'un berceau le rêve d'une Mère
> Devrait toujours n'être qu'une prière.

Mais peut-on faire un reproche à une Mère de rêver à l'avenir de son enfant, surtout quand c'est à Dieu qu'elle songe à le donner et à le consacrer ? Ce fut son rêve de toujours et combien souvent ne demanda-t-elle pas à Marie de le réaliser ?

L'enfant grandit, déjà se dessinaient les premiers indices de sa vocation : avec l'âge elle apparut plus manifeste et sa Mère le fit entrer au Séminaire de Saint Jean. Saint Jean, pépinière féconde de vocations sacerdotales nous a donné deux hommes dont la mémoire est restée dans nos cœurs *Monseigneur Pavy*, le grand organisateur de l'Algérie chrétienne, et *Monseigneur Callot*, le premier évêque d'Oran.

Un doute survint dans l'esprit de la mère du jeune Godet : Est ce bien Dieu qui l'appelle ? Ne se trompent-ils pas, elle et lui ? Seule la piété profonde peut inspirer à une Mère de tels scrupules, de pareilles hésitations !

Ars, était alors le lieu où l'on allait chercher la lumière, Ce fut à Ars que cette mère inquiète se rendit, espérant y trouver le calme pour son esprit, et surtout pour son cœur.

Elle arrive, mais le flot des visiteurs entoure le saint Curé, les heures passent avec la crainte de ne pouvoir parvenir jusqu'à lui. L'heure du départ approche, elle n'a pu confier ses peines à l'homme de Dieu. Elle emportera ses doutes et ses troublants scrupules. A ce moment le Curé d'Ars se dégageant de ceux qui l'entourent fait un signe que votre Mère ne songe pas a prendre pour elle, l'abbé Vianney le répète en l'appelant. Confuse elle s'approche et le bon curé sans lui laisser le temps d'exposer le motif qui l'amène à Ars : *Vous venez me consulter pour votre fils : malgré son état de santé, malgré les difficultés présentes il faut le laisser au Séminaire, où il sera prêtre et un bon prêtre.*

Ainsi que le prédit le curé d'Ars. le jeune Godet sera prêtre, et de plus il sera apôtre. Il entendra au fond de son cœur une voix qui lui dira comme jadis elle disait à Abraham : sors de ton pays, abandonne ta famille et va dans cette terre où la moisson est abondante, mais où les ouvriers font défaut.

Ce ne sera pas comme dans le beau diocèse de Lyon, une vie confortable et facile, ce ne sera pas au milieu de nombreux confrères dont le voisinage reconforte et console, mais dans un diocèse né d'hier, dans un pays où commence la vie chrétienne, où les postes sont si loin les uns des autres, où tout est à créer, les paroisses d'abord, les églises ensuite, où les œuvres sont à créer, où souvent manqueront les ressources et où la solitude du prêtre, n'aura d'autre consolation que le divin prisonnier du tabernacle.

Malgré les préjugés contre l'Algérie, trop répandus à cette époque, malgré les conseils des uns, les reproches des autres, le jeune Godet répondit à l'appel de Dieu. Oui, je serai prêtre et je serai apôtre, je quitterai et famille et patrie, pour aller où Dieu le veut, s'arrachant des bras de sa mère, il vint en Algérie, cédant à l'attraction que la grande âme de Monseigneur Pavy exerçait sur les esprits et sur les cœurs.

Il arrivait, en 1865, à Saint-Eugène pour y terminer ses études secondaires ; il eut pendant son séjour au petit séminaire, la douleur de voir rappeler au ciel le grand Evèque qu'il regardait comme un protecteur et un père.

Il reçut à Kouba la tonsure des mains de Mgr Lavigerie ; c'était en 1867, c'est encore lui qui lui conférera le sous-diaconat, 25 avril 1869, le diaconat, il le recevra à Oran, dans la chapelle du futur grand séminaire. Mgr Callot aura en lui les premices de son apostolat, c'était le 26 mai. Le lendemain, l'Abbé Godet recevait des mains de notre premier évèque le sacerdoce, et Saint Louis, cathédrale du nouveau diocèse, était témoin de cette imposante cérémonie.

Le rêve de la Mère, l'ardent désir du fils étaient réalisés ; Alexandre Godet était prêtre pour l'éternité.

C'est donc un triple jubilé que nous avons à célébrer aujourd'hui, cinquante ans de sous diaconat, cinquante ans de diaconat, cinquante ans de sacerdoce.

Pauvre enfant, hier encore tremblant à la pensée de ta faiblesse, tu disais au Seigneur comme Isaïe le disait à Jehova : Retirez-vous de moi, car je n'en suis pas digne et ne sais point parler. Aujourd'hui, lève les yeux au ciel, prête l'oreille aux chants des séraphins. Te voilà au Thabor, demain ce sera le Calvaire, mais tu es prêtre et pour l'éternité. *Tu es sacerdos in œternum !*

Te voilà le dispensateur des mystères de Dieu, le serviteur prudent et fidèle, placé par Lui à la tête de sa famille et de son peuple, avec plus de vérité que le premier Joseph tu pourras dire à tes frères : *pro salute vestra misit me deus ante vos,* Dieu m'a envoyé pour vous sauver. Tous les jours tu monteras au saint autel, ta parole ouvrira les cieux, faisant descendre l'adorable victime. Tout ce que tu délieras sur la terre, le sera dans l'éternité et si ta voix, comme celle d'Elie, ne fait pas tomber le feu vengeur, elle fera descendre les torrents des grâces qui sauveront le monde. Te voilà associé à la mission du Christ, tu seras un autre lui-même *sacerdos alter Christus.*

O prêtre, s'écrie saint Jean Chrysostome connais donc ta grandeur et sois en toujours digne.

Ce n'est pas pour lui que le prêtre a reçu ces pouvoirs, c'est pour les âmes.

Lorsque Notre Seigneur eut choisi ses apôtres, il leur déclara : *Ego elegi vos ut eatis et fructum afferatis, et fructus vester maneat.* Je vous ai choisis, afin que vous alliez, que vous portiez des fruits, et que ce fruit demeure.

Dociles à la voix de leur divin Maître, ils sont partis, arrosant de leurs sueurs, fécondant de leurs travaux et de leur sang le monde païen, réputé stérile, et voilà vingt siècles que, chaque jour, germe et lève la semence divine, vingt siècles que sans interruption sur tous les points du monde une abondante moisson répond aux espérances du Père de famille. Ils sont allés, là où Dieu les envoya, ils ont porté du fruit, et ce fruit n'a pas été éphemère.

Trois jours après son ordination, le jeune prêtre d'Oran entendit à son tour la voix dn Pontife qui lui disait : *Ego te elegi*. Je vous ai choisi, afin que vous alliez dans mon vaste diocèse et que vous y portiez des fruits de salut.

Obéissant à l'ordre de son Evêque, l'Abbé Godet partait pour évangéliser la paroisse des *Ouled Mimoun*. Bien peu parmi nous l'ont connue sous ce vocable. Elle ne portait pas encore, ou a peine venait elle de le recevoir, le nom du vaillant général, de l'héroïque chrétien qui fut *Lamoricière*. La paroisse d'aujourd'hui ne ressemble pas plus aux *Ouled Mimoun* d'autrefois que l'Oranie contemporaine à l'Oranie d'il y a cinquante ans.

Alors seule existait la ligne Oran-Alger ; de ce magnifique réseau de routes qui sillonne de toute part notre province, quelques-unes à peine étaient-elles terminées, et les diligences qui assuraient tant bien que mal un service intermittent entre les différents centres alors créés n'avaient même pas le modeste confort que nous leur avons connu depuis !

Chers et vénérés confrères, voilà ce que Dieu a fait d'Alexandre Godet. De l'enfant, il a fait un prêtre, un sauveur d'âmes, un apôtre, pouvait-il faire d'avantage ? Aux yeux de la foi, je répond, ô non.

Nous allons suivre ensemble cette vie sacerdotale de cinquante ans, applaudissant aux efforts et aux travaux de notre vénéré doyen. Nous apprendrons également de lui à ne pas nous laisser abattre par les échecs, décourager par les obstacles ou les difficultées. Comme lui, semons toujours sans nous lasser, parfois le travail sera dur, il nous semblera infructueux ou stérile, nous ne verrons pas grandir la moisson, peut-être même germer sa semence. Soyons sans crainte : elle lèvera au jour voulu par Dieu, et si d'autres récoltent les fruits de nos labeurs, en haut nos cœurs, plus nos larmes auront été amères, plus notre joie sera grande dans le ciel.

2ᵉ partie : Comment l'abbé Godet a répondu aux bienfaits divins

En face des difficultés qui naissent sous ses pas de l'indifférence ou de l'hostilité qui l'entourent, de l'insuccès de ses tentatives, de l'inutilité apparente de ses efforts, le prêtre serait tenté parfois de se laisser aller au découragement, de se croiser les bras et de dire : *Il n'y a rien à faire !*

Quand Jean-Baptiste Vianney vint prendre possession de sa petite paroisse des bords de la Saône, Ars ne valait guère mieux que nos paroisses d'Algérie, je dirai plus, les valait-elles ?

Le jeune curé y rencontra les misères que nous déplorons ici. Son église était loin d'être belle, nombreux étaient les cabarets, nombreuses aussi les salles de danse et si la maison de Dieu demeurait presque vide le dimanche, celles où se perdaient les âmes étaient toujours remplies.

Il sortait *d'Ecully* paroisse chrétienne, paroisse riche, où le prêtre avait un ministère consolant et facile. Il semble donc que le jeune curé arrivant à Ars, aurait eut raison de s'écrier : il n'y a rien à faire. Messieurs, vous le savez, le cœur du prêtre, le cœur de l'apôtre ne se laisse pas arrêter par l'obstacle ; les difficultés stimulent son zèle loin de le décourager. Il souffre de voir que *l'amour n'est pas aimé*, mais il se met à l'œuvre avec une patience qui sait attendre et une résolution inébranlable de ne s'arrêter que lorsqu'il aura tout donné, tout sacrifié, qu'il se sera sacrifié lui-même pour ramener les âmes et les donner à Jésus-Christ.

L'abbé Godet était de ceux-là : et si le sage de l'antiquité a pu dire : *Je suis homme et rien de ce qui touche l'humanité ne me laisse indifférent*, le jeune curé des Ouled-Mimoun, s'il ne le disait, le pensait : *Je suis prêtre, et rien de ce qui touche la gloire de Dieu, le salut des âmes, le bien être de ceux qui me sont confiés ne me laissera indifférent.*

Depuis le premier jour, ce fut sa règle de conduite, il n'en a jamais dévié.

Voyez le dans les postes où l'envoya successivement l'autorité diocésaine. Le premier souci de son cœur, sa première et sa plus constante préoccupation sera toujours la maison de Dieu. Il consacrera son temps, ses peines, son activité, ses démarches, ses ressources personnelles à la créer, à la relever, à l'embellir, à la meubler, à lui fournir tout ce qui est nécessaire pour le service du culte.

Aux Ouled Mimoun, c'est une pauvre maison de colonie, il tache de la rendre moins indigne de son hôte divin.

A *Belle-Côte*, c'est pire encore, la chapelle menace ruine, l'eau y tombe de partout, ses incessantes réclamations n'ont obtenu qu'une réparation provisoire, palliatif insuffisant il le refuse et par sa ténacité obtient la construction d'un nouvel édifice dont ses successeurs jouiront bientôt.

A *Tounin*, l'église est plus décente, mais quelle différence avec la plupart de celles de nos villages de France. L'abbé Godet la restaure, l'embellit et lui procure ce qui lui manquait, faute de ressources. Il commençait à en jouir, lorsque l'obéissance l'envoya à Lourmel.

Plusieurs d'entres vous, Chers Confrères, ont connu comme moi la vieille église de Lourmel, ce provisoire délabré qui menaçait de durer longtemps et dont l'indifférence des habitants s'accommodait.

A peine installé, l'abbé Godet se met à l'œuvre, secoue l'apathie de ses paroissiens, ses démarches sont prises en considération, et l'administration civile établit un plan. C'était encore du provisoire qui allait succéder à celui qui ne voulait pas finir. L'abbé Godet reprend la lutte, établit lui même un plan en obtient l'acceptation et on allait se mettre à l'œuvre quand il est nommé curé d'Aïn-Témouchent.

Après son départ le fruit de ses labeurs demeurera, il aura la consolation de revenir pour la bénédiction de la première pierre, puis pour celle de l'église elle même. A *Aïn-Témouchent* c'est encore du provisoire qu'il rencontre, mais ce qui aggrave la situation c'est que va commencer pour l'antique *Temici* une ère de prospérité et d'aggrandissement. On prépare des quartiers neufs, le chemin de fer va donner une vie nouvelle à la ville en lui amenant *dans son sein des enfants qu'elle n'a point portés.* Le centre de la paroisse va se déplacer et il faut que le curé secoue l'apathie d'une population qui se soucie fort peu de cès changements et de leurs conséquences. L'abbé Godet cherche un emplacement pour l'église qu'il rêve, grande, belle, digne de Dieu et de la ville de Témouchent. Il le trouve ; ce sera cher ! qu'importe ! les ressources, elles sont nulles, mais avec l'aide de Dieu on les trouvera. Le curé cherche, sollicite, implore, et trouve et peut compter sur quatre vingt cinq mille francs.

Avec cette somme le concours de l'Etat sera facile à obtenir, c'est la seule chose qui lui reste à faire ; il va faire les démarches, quand l'ordre lui arrive de partir pour Sidi-bel-Abbès ou l'autorité diocésaine vient de le nommer curé.

Pardonnez, cher et vénéré doyen, si je trahis vos secrets, mais je dois la vérité à l'histoire et c'est de l'histoire que je prétends écrire, en parlant aujourd'hui. La plus grande douleur de votre vie fut de quitter Aïn-Témouchent, où vous auriez voulu rester et de partir pour Sidi-bel-Abbès où vous désiriez de ne pas aller.

Vous aviez peur que, vous partant, ce rocher de Sisiphe, soulevé par plusieurs de vos prédécesseurs, roulé par vous jusqu'au sommet de la montagne ne retombât pour longtemps.

Ce que l'abbé Godet faisait au chef-lieu du district, il le continuait dans lés villages placés sous sa juridiction. Il stimule ses curés les encourage, les conseille, il appuie leurs démarches et il a la joie de bénir la première pierre, puis l'église des *Trois Marabouts* et celle de *Hammant-bou-Hadjar.*

A *Sidi-bel-Abbès,* il semble que notre infatigable pourra se reposer. Il succède à un prêtre qui comme lui, avait l'amour, le culte de la maison de Dieu. L'abbé Poux que l'état de sa vue vient d'obliger d'abandonner le ministère et l'Algérie, a embelli son église, il y a fait d'importants travaux, il la dotée d'un magnifique carillon, il semble qu'il n'ait rien laissé à faire à ses successeurs.

L'abbé Godet conservera ce qu'il aura trouvé, il le développera, il le complétera et après son si zélé prédécesseur laissera de son passage des traces que l'on retrouvera sans peine.

Redisons le, la constante préoccupation de l'abbé Godet fut partout ou il passa de laisser les églises et les paroisses pourvues de tout le nécessaire voulu ; s'il trouvait des dettes, il les payait, s'il le fallait, avec son argent, si les ressources faisaient défaut, il en créait, suscitait des dévouements ; où il n'avait rien trouvé, il laissait quelque chose, où il rencontrait l'indispensable, il l'augmentait et laissait l'utile à côté du nécessaire.

Pour obtenir ces résultats, il paiera, s'il le faut de sa personne sans s'inquiéter du qu'en dira-t-on. C'est pour Dieu qu'il travaille, honni soit qui mal y pense, saint Paul ne craignait pas de tresser des nattes et de fabriquer des corbeilles pour s'assurer le pain de chaque jour.

Je croirais manquer à mon devoir, si je ne signalai pas ici, que les premiers ornements précieux dont je me suis servi lors de la création de la paroisse du Sacré-Cœur, la nouvelle cathédrale, je les devais à la générosité du Chanoine Godet qui s'en était dépouillé pour nous.

Je crains fort, que Notre Cher Doyen ne meurt en constructeur impénitent. M'accuserait-il de calomnie si je viens dire qu'il est au moins l'instigateur de l'aggrandissement de cette chapelle et de la construction de cette sacristie ?

Chassez le naturel, il revient au galop, a dit le poète. Cher et vénéré jubilaire, je ne vous en fais pas un crime, Dieu lui même ne pourra que vous en récompenser. Dans tout ce que l'abbé Godet entreprenait il ne songeait pas qu'à lui, il avait en vue l'avenir et ceux qui viendraient recueillir sa succession, aussi tenta-t-il souvent l'impossible pour restaurer, aggrandir, ou même rendre plus confortables les différents presbytères qu'il occupa.

A *Lourmel*, pendant trois ans il lutta avec une parfaite courtoisie mais avec une ténacité constante et obtint enfin un presbytère convenable.

A *Tounin*, il créa une *Société de Secours Mutuels* rayonnant dans toute la région d'alentour. Quand il partit, il la laissa fort prospère et les habitants apprirent par les heureux effets de cette création, que le prêtre loin d'être un ennemi est un père.

Mais la revolution a passé sur l'Algérie autant que sur la France, la lutte a changé de terrain et d'allure, c'est l'âme de l'enfant, c'est l'avenir spirituel de la famille et de la société qui devient l'enjeu de la bataille.

Dès son arrivé à Aïn-Témouchent l'abbé Godet pour faire face au danger fonde une école libre pour les garçons et la remet aux petits frères de Marie. Cette sollicitude pour l'enfance fut constante pendant les cinquante années de sa vie sacerdotale. Dans toutes les paroisses qu'il occupa petites où grandes il l'évangélisa avec son cœur.

En pouvait-il être autrement quand on aime Jésus-Christ et qu'on aime les âmes qu'il a racheteés au prix de tout son sang. Laissez venir à moi les petits enfants répétait-il souvent, et n'est-ce pas au milieu de ces humbles et de ces petits qu'il est venu terminer sa carrière.

Rien de ce qui touche à la gloire de Dieu ou au bien de l'Eglise ne laissa jamais indifférent notre cher doyen.

Trois fois prenant le bâton de pèlerin, il ira visiter Jésus-Christ en la personne de son vicaire ici-bas. Trois fois il lui portera le témoignage de son amour filial, et ira puiser auprès du successeur de Pierre, un renouveau de zèle et de dévouement.

Trois fois, il traversera la Méditerranée pour aller visiter le tombeau du Christ et les lieux sanctifiés jadis par la présence du fils de Dieu fait homme.

Chaque fois il ira prier à Bethléem, s'agenouiller à Nazareth, il montera au Thabor, et suivra la Voie douloureuse portant la Croix, à l'exemple du Divin Maître. La Croix trophée glorieux, il l'emportera pour l'ériger une première fois dans son église de Sidi-bel-Abbès et plus tard il en fera placer une autre dans la crypte de la future cathédrale du Sacré-Cœur en attendant que l'église supérieure fût achevée et livrée au culte.

Souvenirs inoubliables, ils ont rendu sa foi plus vive, son zèle plus intense et lui ont montré éloquement combien nécessaires sont le renoncement et le sacrifice pour la rédemption des âmes.

Jérusalem ! mais il aurait voulu y conduire sa paroisse entière ! et ne le pouvant pas il apportait à profusion aux fidèles les souvenirs de la cité sainte, leur donnant la douce illusion d'avoir été eux aussi des pèlerins de la pénitence. Ils l'étaient par le désir.

Quand s'ouvrirent ces assises mondiales en l'honneur de Jésus-Eucharistie, malgré le poids des ans qui se faisait plus lourd, l'abbé Godet ira jusque dans le nouveau monde apporter au Dieu du tabernacle le témoignage vivant de son amour. Il sera le garant de notre foi, le témoin de notre amour, le représentant de l'Oranie à ces fêtes inoubliables et grandioses.

Ce qu'il a fait à Montréal, il le fera de nouveau à Vienne, pèlerin infatigable parce que prêtre au cœur ardent, à l'âme dévouée jusqu'au sacrifice.

Messieurs et Vénérés Confrères, voilà certes une vie sacerdotale bien remplie par le zèle, bien vivante, par les œuvres, Dieu avait envoyé son serviteur, croyez vous que répondant à son attente, il ait produit les fruits attendus ?

L'Eternel est au fond des cœurs, et ne saurait se tromper, sa réponse, n'est-ce pas, ne laisse aucun doute dans nos esprits. Les hommes ne voyant que l'extérieur pourraient méconnaître les résultats. Il ne l'a point permis.

Tous nos évêques ont vu successivement à l'œuvre le prêtre que Monseigneur Pavy leur avait préparé. Ils ont été témoins de ses labeurs et appréciant ses efforts ils lui ont donné toute leur confiance.

Sa nomination à Aïn-Témouchent lui apporta le camail de dignitaire et les fonctions de vicaire forain du nouveau centre conférentiel à la création duquel il avait puissamment contribué.

En 1895 Monseigneur Soubrier le nomma chanoine honoraire. Léon XIII lui conféra la croix et le titre de Chevalier du Saint Sépulcre.

En 1897 l'abbé Godet devint membre du Chapitre dont il est aujourd'hui l'archidiacre vénéré.

Comme curé de Sidi-bel-Abbès, il eut la joie et l'honneur de préparer et de célébrer les Noces d'Or de sa paroisse. Ce fut le dernier acte de son ministère paroissial ce fut aussi son couronnement.

Saint Grégoire descendant du siège patriarcal de Constantinople se retira à Naziance ou il reprit sa vie de prières, de travail et de sacrifices. Ainsi notre vénéré confrère crut devoir résigner ses fonctions et remettre sa cure entre les mains de ses supérieurs laissant à son successeur une paroisse bien organisée, une église embellie, richement meublée, des œuvres bien vivantes, des ressources abondantes et surtout le souvenir d'une vie, toujours parfaitement sacerdotale.

Retiré à Oran, il semble que notre vénéré confrère aurait pu jouir d'un repos bien mérité par ses longs travaux et par son âge. Le supposer serait ne pas connaître le chanoine Godet.

A peine arrivé dans notre ville, il rend à ses confrères tous les services dont ils peuvent avoir besoin. Il s'occupe d'œuvres : il sera notre collaborateur dans la création de la *Mutualité Ecclésiastique*. C'est à lui que l'autorité diocésaine s'adresse pour l'organisation de l'œuvre du *Denier du Culte*, il en créera la comptabilité et en sera le premier trésorier, et c'est en pleine prospérité qu'il la laissera à son successeur.

De nouveau l'autorité épiscopale fera appel à son esprit d'ordre et à son dévouement pour réorganiser cette œuvre si importante. Vous seul, Monseigneur pourriez nous édifier, sur les efforts et les travaux incessants de notre vénéré doyen et nous dire comment il a réalisé vos espérances.

A l'heure présente, malgré ses soixante treize ans, ses cinquante quatre ans d'Algérie, ses cinquante ans de vie sacerdotale notre cher confrère dépense les dernières énergies de son âme, les dernières ardeurs de son cœur toujours vaillant au service de nos bonnes *Sœurs Thérésiennes et de leurs enfants.*

Chaque matin dès six heures, il est à son poste malgré la distance qui sépare Lamur de son domicile, donnant à tous l'exemple du dévouement et de ce que peut dans le cœur du prêtre le zèle et l'amour des âmes.

Quel beau couronnement d'une si longue carrière ! Messieurs et Chers Confrères, regardons, et surtout imitons !

C'est pour moi, Cher Doyen et vénérable ami, une joie profonde et un grand honneur, d'avoir eu à prendre la parole au beau jour de votre jubilé sacerdotal. D'autres auraient parlé mieux que moi ; mais je me suis efforcé de rassembler tous nos vieux souvenirs, et j'y ai mis tout mon cœur.

Venu un peu après vous sur notre terre d'Afrique, j'ai eu cependant comme vous la consolation de connaître nos vieux prêtres de jadis, de vivre de leur vie, j'ai su ce qu'ils pensaient, j'ai entendu ce qu'ils disaient des ouvriers de la première heure, de leurs souffrances, de leurs privations, de leurs travaux et de leur énergie.

N'est-ce pas qu'à les entendre nos cœurs battaient plus vite, notre ardeur s'enflammait et nous pensions : ce qu'ils ont pu, ne le pourrions nous pas ? ce qu'ils ont fait, nous serait-il impossible ?

Vos cinquante ans de vie sacerdotale, prouvent à ceux que la Providence nous a préparés comme successeurs que vous avez marché sur leurs traces et suivi leurs exemples, vous êtes la preuve vivante que rien n'est impossible au cœur vaillant, à l'âme qui aime. Vous avez passionnément aimé Dieu, l'Eglise, et les âmes. Pour Dieu, pour l'Eglise, pour les âmes vous avez tout donné, tout sacrifié, vous avez renoncé à tout, vous vous êtes donné vous même, répondant, autant que le permet la faiblesse humaine. à ce que Dieu attendait de vous.

Lui ne se laisse jamais vaincre en générosité ; aujourd'hui il détache un fleuron de la couronne qu'il vous réserve là-haut, et il en auréole votre front. Recevez le avec joie, goûtez sans crainte votre bonheur, il n'affaiblira pas celui qui vous attend.

Puisse Dieu vous conserver longtemps encore à ce diocèse dont vous êtes l'honneur, à la respectueuse et sincère affection de tous vos frères dans le sacerdoce. Ils ont uni leurs actions de grâces aux vôtres, ils confondront leurs prières pour l'obtenir de Dieu.

Puisse le Maître de la vie entendre leurs supplications et les exaucer. Puisse-t-il accorder à ceux d'entre nous, qui seront encore là pour voir ce beau jour, la joie de célébrer vos *Noces de Diamant.*

Quelques instants avant le début de la cérémonie, un de nos confrères disait : « *Quand je vois le Chanoine Godet je ne rêve que d'immortalité* ». Consolantes paroles, heureux présage.

Au nom de tous j'adresse à Dieu un reconnaissant merci pour toutes les grâces dont il vous a comblé, et à vous, je dis avec tout mon cœur : *Ad multos et felices annos.*

Nos Joies et nos Douleurs

MAI 1919

BAPTÊMES

du 25 Avril au 25 Mai 1919 - **52**

MARIAGES

du 25 Avril au 25 Mai 1919 - **17**

SÉPULTURES

du 25 Avril au 25 Mai 1919 - **37**

Imp. Jeanne d'Arc, St-Eugène Oran. *Le Gérant :* F. Palancade.